ZEBRA 4

Wissensbuch Sprache/Lesen

Erarbeitet von
Imke Bünstorf,
Sonja Kargl,
Karin Eschenbach,
Britta Esp,
Christa ten Broek

Wissenschaftliche Beratung
Prof. Dr. Cordula Löffler

Ernst Klett Verlag
Stuttgart · Leipzig

Inhalt
Sprache

Substantive. 4
Zusammengesetzte Substantive 5
Substantive mit Vorsilben 6
Substantive mit Nachsiben und Endungen 7
Oberbegriffe 8
Pronomen 9
Verben 10
Verben – Wortfelder 11
Verben und Vorsilben 11
Substantivierte Verben 12
Verben in der Befehlsform (Imperativ) 12
Präsens. 13
Perfekt 13
Präteritum 14
Futur 14
Adjektive 15
Adjektive mit Nachsiben und Endungen 16
Substantivierte Adjektive 17
Zusammengesetzte Adjektive 17
Gegenteilige Adjektive. 18
Satzzeichen – Wörtliche Rede 19
Satzzeichen – Kommasetzung 20
Subjekt 21
Prädikat 21
Bestimmung des Ortes 22
Bestimmung der Zeit 22
Genitiv-Objekt 23
Dativ-Objekt 23
Akkusativ-Objekt. 24

Satzglieder umstellen . . . 24
Satzglieder erweitern . . . 25
Satzglieder ersetzen . . . 25
Nachschlagen . . . 26
Eine eigene Wörterkartei anlegen . . . 26
Nachdenkwörter . . . 27
Zerlegen in Bausteine . . . 27
Wörter mit gleichem Wortstamm . . . 27
Ableiten von Wörtern . . . 28
Verlängern von Wörtern . . . 28

Inhalt
Lesen

Ein eigenes Gedicht schreiben . . . 29
Lernen besser organisieren . . . 30
Vorbereitung auf einen Test . . . 31
Eine Buchkritik schreiben . . . 32
Einen Bericht schreiben . . . 34
Schreibtipps für die Schreibkonferenz . . . 36
Einen Text in einen Dialog umschreiben . . . 38
Ein Referat vorbereiten und halten . . . 40
Ein Werbeplakat gestalten . . . 42
Eine Pro- und Kontra-Diskussion führen . . . 44
Eine Bildergeschichte schreiben . . . 46
Tabellen lesen und erstellen . . . 48
Einen Vorgang beschreiben . . . 50
Sich in Zeitschriften orientieren . . . 52
Sich in Zeitungen orientieren . . . 53

Abc der Textforscher . . . 54

Substantive

Substantive bezeichnen Menschen, Tiere, Pflanzen, Dinge oder Gefühle.
Vor ihnen kann ein **bestimmter** oder **unbestimmter Artikel** stehen:
der Baum – **ein** Baum.
Die meisten Substantive können im **Singular** und im **Plural** stehen:
der **Rabe** – die **Raben**, eine **Bank** – viele **Bänke**.
Manche Substantive stehen nur im Singular: **der Hunger**.
Andere Substantive stehen nur im Plural: **die Ferien**.

Die **Eltern** bitten Timo, die Musik leise zu stellen.

Das **Publikum** feiert die Zwillinge mit großem **Applaus**.

Für den Auflauf dünste ich das **Gemüse** in **Butter**.

Die **Geschwister** löschen ihren **Durst** mit Limonade.

1. Schreibe die Sätze ab.
Notiere dabei hinter den fett gedruckten Substantiven, ob sie nur im Singular oder Plural stehen können.

Manche Substantive werden zwar gleich geschrieben, haben aber mehrere Bedeutungen. Man nennt sie **Teekesselwörter**:
Das Gericht ist ein Wort für **Mahlzeit** und für ein **Gebäude**, an dem Recht gesprochen wird.

Pedro freut sich über gute **Zensuren**.

Der Wellensittich fliegt in seinen **Käfig**.

Zum Abschluss der Feier findet ein **Tanzfest** statt.

Der **Landwirt** kauft sich einen neuen Traktor.

Sofia spielt Flöte nach **Musikzeichen**.

Ein **Spielzeug** rollt unter das Sofa.

2. Schreibe den Text ab. Ersetze die fett gedruckten Wörter durch diese Teekesselwörter: Ball, Bauer, Noten.

3. Suche eigene Teekesselwörter und bilde mit ihnen Sätze.

→ AH S. 4/15

Zusammengesetze Substantive

Man kann Substantive zusammensetzen, um etwas genauer zu beschreiben.
Das letzte Wort in der Zusammensetzung heißt **Grundwort**: die Topf**blume**.
Es wird durch das erste Wort, das **Bestimmungswort**, näher erklärt:
Was für eine Blume? Eine **Topf**blume.
Manchmal werden die beiden Substantive durch ein Fugen-**s** verbunden:
der Inhalt, das Verzeichnis: das Inhalt**s**verzeichnis.

Ein Fest des Vereins ist ein …

Die Schuhe für das Training nennt man …

Das Heft zur Übung heißt …

Das Ei zum Frühstück ist ein …

1. Bilde zusammengesetzte Substantive. Schreibe die Sätze auf.
2. Unterstreiche das Grundwort.
3. Kreise das Fugen-s ein.

Man kann auch Verben und Substantive oder Adjektive und Substantive zusammensetzen:
hüpfen, die Burg: die Hüpfburg; klein, das Kind: das Kleinkind.

Die Wetterhexe fliegt zum Hochhaus. Sie hat ihr Zauberbuch und viele Heilkräuter dabei. Damit will sie Tims Großvater helfen. Er hat schlimmen Keuchhusten.

4. Schreibe die zusammengesetzten Substantive heraus.
5. Schreibe dahinter, aus welchen Wortarten es besteht.

→ AH S. 5/18/68

Substantive mit Vorsilben

Die Bedeutung von Substantiven wird durch Vorsilben verändert:
der Name – der **Vor**name; die Stadt – die **Vor**stadt.
Manche Substantive mit Vorsilben sind aus Verben mit Vorsilben entstanden:
vor**lauf**en – der Vor**lauf**.
Manchmal ändert sich dabei der Wortstamm: vor**steh**en – der Vor**stand**.

	-lauf	*-fall*	*-sicht*
Ab-	*der* ***Ab****lauf*		
Vor-			
Ein-			
Aus-			
Auf-			
Nach-			

1. Übertrage die Tabelle in dein Heft.
Schreibe alle sinnvollen Zusammensetzungen hinein.

Der Arzt legt Tom einen neuen Verband an.

Die Lehrerin kontrolliert die Nacherzählungen ihrer Schüler.

Der Chef bittet die Mitarbeiter um eine Aussprache.

Die Schüler bringen die Arbeit zum Abschluss.

2. Schreibe den Text ab. Unterstreiche die Substantive mit Vorsilben.

3. Schreibe sie untereinander auf. Schreibe dahinter das Verb,
von dem sie abgeleitet wurden. Unterstreiche jeweils den Wortstamm.

→ AH S. 69

Substantive mit Nachsilben und Endungen

Mit den Nachsilben -heit, -keit, -schaft, -nis oder der Endung -ung kann man aus vielen Verben und Adjektiven Substantive bilden:
die Grob**heit**, die Sauber**keit**, die Erb**schaft**, das Änger**nis**, die Prüf**ung**.

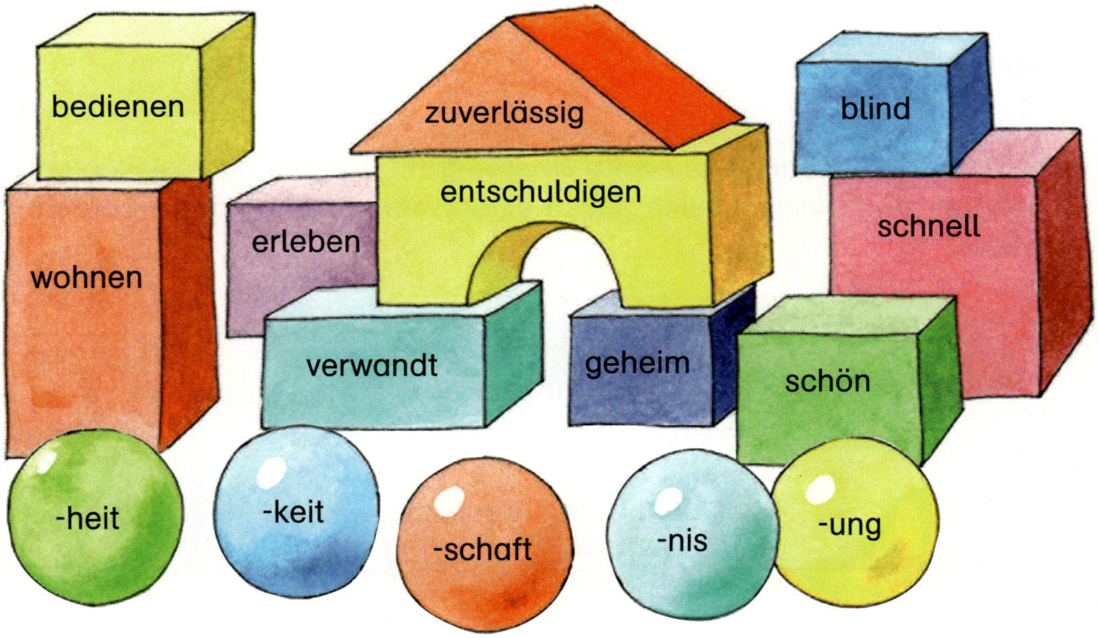

1. Bilde aus den Wörtern Substantive. Schreibe sie untereinander auf.

2. Bilde die Mehrzahl, wenn sie möglich ist. Schreibe sie daneben.

Tipp: Achte bei der Pluralbildung der Substantive mit der Nachsilbe -nis auf die Schreibweise: das Zeugni**s** – die Zeugni**ss**e.

→ AH S. 69

Moritz darf seine Verwandtschaft in Berlin besuchen. Er hat sie seit einer Ewigkeit nicht mehr gesehen. Die Bahnfahrt ist für ihn ein besonderes Erlebnis. Mit großer Spannung steigt er in den Zug.

3. Schreibe alle Substantive mit Nachsilben und Endungen aus dem Text heraus.

Durch das Anhängen von -tum und -schaft kann man aus manchen Substantiven andere Substantive bilden: Ritter – Ritter**tum**, Mann – Mann**schaft**.

Nachbar | Besitz | Meister | Helden | Fürsten | Land

4. Bilde durch das Anhängen von -tum oder -schaft neue Substantive.

Oberbegriffe

Viele Substantive können zu einem **Oberbegriff** zusammengefasst werden. So gehören zum Beispiel Milch, Tee, Bier, Saft und Sprudel zum Oberbegriff **Getränke.**

1. Schreibe immer vier Begriffe untereinander, die zusammengehören.

2. Ergänze passende Oberbegriffe als Überschriften.

→ AH S. 4/5/21

Pronomen

Pronomen stehen als Stellvertreter für Substantive im Satz.
Die Personalpronomen heißen: **ich, du, er/sie/es, wir, ihr, sie**.
Andere **Pronomen** sind: **mir, mich, dir, dich, …**

„Gehst ____ mit ins Hallenbad?“, fragt Mario seinen Freund.
„Nein“, antwortet Ali, „____ bin erkältet.
Meine Eltern werden ____ nicht erlauben. ____ sind immer so ängstlich.“

1. Setze Personalpronomen ein. Schreibe die Sätze auf.

Ich mag dich,
und du magst mich.
Was mir gefällt,
gefällt auch dir.
Wir nehmen euch in unsre Mitte,
bei uns ist Platz für viele Dritte.

2. Schreibe das Gedicht ab.
Unterstreiche die Pronomen.

Im Brief schreibt man die **Anredepronomen Sie, Ihr** und **Ihnen** groß.

Sehr geehrte Frau Funke,

____ Buch hat mir sehr gut gefallen. Ich werde nun noch weitere Bücher von ____ lesen. Hoffentlich schreiben ____ noch ganz viele Geschichten.

____ Gisa Breiding

3. Schreibe den Brief ab. Setze Anredepronomen ein.

Verben

Mit Verben sagt man, was jemand tut oder was geschieht.
Die Grundform des Verbs nennt man Infinitiv: **reiten**.
Die Endungen ändern sich in der Personalform: ich reit**e**, du reit**est**, wir reit**en**.

Ich		Ali	
Du		Laura	
Er	klettern auf den Baum.	Tim und Toni	backen einen Kuchen.
Wir		Du und ich	
Ihr		Dein Freund	

1. Schreibe alle Sätze. Markiere die Endungen der Verben.

Die Verben **wollen, können, müssen, dürfen, mögen** und **sollen** treten im Satz häufig mit einem zusätzlichen Verb im Infinitiv auf:
Ich **will** das Buch **kaufen**. Mario **kann** schon **lesen**.
Tim **muss** zu Hause **bleiben**. Daria **darf** ins Kino **gehen**.
Magst du ein Eis **essen**? **Soll** ich dir **helfen**?

können | sollen | wollen | dürfen | müssen

Die Klasse 4b ___ ein Klassenfest veranstalten.

Auf dem Fest ___ die Jungen ein Fußballturnier durchführen.

Die Mädchen ___ den Vätern beim Backen helfen.

Der Lehrer ___ sich an diesem Tag einmal ausruhen.

Zum Schluss ___ alle beim Aufräumen helfen.

2. Setze die Verben sinnvoll ein. Schreibe die Sätze ab.

→ AH S. 26/28

Verben – Wortfelder

Zu einem Wortfeld gehören Wörter, die eine ähnliche Bedeutung haben. Wörter eines Wortfeldes gehören immer der gleichen Wortart an: **lachen, kichern, lächeln, grinsen, juchzen, strahlen, schmunzeln**. Mit Hilfe der Wörter eines Wortfeldes kann man abwechslungsreicher und genauer beschreiben.

1. Schreibe Wörter zum Wortfeld „sehen“ auf.

Maja sieht in den Garten.

Da sieht sie einen kleinen Vogel.

Aber nirgendwo kann sie seine Mutter sehen.

Plötzlich sieht sie eine Katze im Gebüsch.

Doch das Vögelchen sieht die Katze und fliegt über den Zaun.

2. Ersetze das Verb „sehen“ sinnvoll. Schreibe die Sätze ab.

Verben mit Vorsilben

Durch Vorsilben wird die Bedeutung von Verben geändert: laufen, **ent**laufen, **aus**laufen, **ein**laufen, **über**laufen, **ab**laufen, **weg**laufen. Ist die Vorsilbe ein selbstständiges Wort, wird sie in Sätzen oft vom Verb getrennt: Die Maus **läuft** vor der Katze **weg**.

aufgeben	So schnell ___ Jana nicht ___.
vorwerfen	Ihre Mannschaft soll ihr keine Schuld ___.
einsetzen	Sie ___ sich noch einmal mit ganzer Kraft ___.
entscheiden	Tatsächlich kann sie mit einem Tor das Spiel ___.
abpfeifen	Endlich ___ der Schiedsrichter das Spiel ___.

1. Setze die Verben ein und schreibe die Sätze ab.
Unterstreiche die Vorsilben und die Verben.

Substantivierte Verben

Verben können zu Substantiven werden. Sie haben dann den Artikel **das** vorangestellt und werden großgeschrieben: **Das Rechnen** macht Tom Spaß.
Oft steht vor der Substantivierung **beim** (bei dem), **zum** (zu dem) oder **vom** (von dem): Timo hilft Mutter **beim Backen**.
Lisa lädt Tim **zum Tanzen** ein. Wir sind müde **vom Wandern**.

traben	reiten	striegeln	füttern

Mira und Timo gehen ___ ___ auf den Bauernhof. Auch ___ ___ der Pferde übernehmen sie gerne. ___ ___ möchte der Bauer aber dabei sein. Zu Hause erzählen sie begeistert ___ ___ über die Felder.

1. Bilde aus den Verben Substantive. Benutze die Wörter das, beim, vom und zum. Schreibe die Sätze auf.

Verben in der Befehlsform (Imperativ)

Wenn man jemanden auffordert, etwas zu tun, benutzt man die **Befehlsform (Imperativ)** des Verbs. Sie steht immer am Anfang eines Aufforderungssatzes. Am Ende steht meistens ein Ausrufezeichen:
laufen – **Lauf** nicht über die Straße! schreien – **Schreit** nicht so laut!
Bei zweiteiligen Verben steht der zweite Teil des Verbs am Ende des Satzes:
vorgehen – **Geh** bis zur Ecke **vor**! stehen bleiben – **Bleibt** dort **stehen**!

Im Zoo:

1. Schreibe die Verbote im Imperativ auf. Schreibe so: *Drängelt …*

→ AH S. 19/33/34/66/77

Präsens

Das Verb im **Präsens** zeigt an, dass etwas jetzt geschieht oder etwas immer so ist. Es steht im Aussagesatz immer als zweites Satzglied: Pia **liest** ein Abenteuerbuch. Alle Vögel **gehören** zu den Wirbeltieren. Im Fragesatz ohne Fragewort steht das Verb an erster Stelle: **Liest** Pia ein Buch? **Gehören** alle Vögel zu den Wirbeltieren?

Die Eichhörnchen füttern ihre Königin mit Nektar.
Der Fuchs bewacht viele Hühner.
Die Bienen bringen ihre Jungen in einer Höhle zur Welt.
Die Kaninchen bauen ein Nest in den Bäumen.
Der Hahn klaut die Eier aus dem Stall.

1. Bilde Fragesätze. Schreibe so: *Füttern die Eichhörnchen …*
2. Schreibe nun sinnvolle Sätze. Unterstreiche die Verben.

Perfekt

Das Verb im **Perfekt** zeigt an, dass etwas in der Vergangenheit begonnen hat und bis heute fortwirkt. Es wird mit den Hilfsverben „haben" oder „sein" gebildet: Tom **hat** die Prüfung **geschafft**. Sarah **ist** in den Park **gelaufen**. Im Fragesatz ohne Fragewort steht das Hilfsverb am Anfang: **Hat** Tom die Prüfung geschafft? **Ist** Sarah in den Park gelaufen? Diese Zeitform wird vor allem beim mündlichen Erzählen benutzt.

Tom schleicht ganz langsam am Gartenzaun entlang. Da passiert es wieder! Der Schäferhund des Nachbarn rennt auf den Zaun zu. Er kläfft Tom an und fletscht die Zähne. Vor Angst bleibt Tom stehen. „Komm hierher, Riko!", hört er endlich die Stimme des Nachbarn. Folgsam trottet der Hund zurück.

1. Schreibe den Text ab. Unterstreiche die Verben.
2. Schreibe den Text so wie Tom zu Hause erzählen würde. Schreibe so: *Heute bin ich ganz langsam …*

Tipp: In der wörtlichen Rede bleibt die Zeitform erhalten.

→ AH S. 7/8/9/25/27/70

Präteritum

Das Verb im **Präteritum** zeigt an, dass etwas in der Vergangenheit stattgefunden hat und abgeschlossen wurde: Der Förster **ging** durch den Wald. **Besuchtest** du in den Ferien unsere Hauptstadt?
Diese Zeitform wird meistens beim Schreiben verwendet.

Die Katze döst auf der Mauer. Langsam schlich die Katze über den Hof. Sie ist müde vom Mäusejagen. Irgendetwas stimmte hier nicht! Es roch nach Hund. Nun will sie sich ausruhen. Plötzlich schreckt sie auf. Sicherlich lag er irgendwo versteckt. Ein Frosch hüpft über sie hinweg. Tatsächlich, hinter dem Holzstoß schaute ein Hundeschwanz hervor.

1. Schreibe nur die Sätze im Präteritum heraus. Unterstreiche die Verben.

2. Schreibe die Geschichte weiter.

Futur

Das **Futur** ist eine Zeitform, die anzeigt, dass etwas in der Zukunft passieren wird oder kann. Es wird mit „werden“ und einem Verb im Infinitiv gebildet: Tom **wird** das Gymnasium **besuchen**. Die Gäste **werden** bald **ankommen**.
Im Fragesatz ohne Fragewort steht die Form von „werden“ am Anfang: **Wird** Tom das Gymnasium besuchen? **Werden** die Gäste bald kommen?

1. Schreibe auf, was die Kinder zu Hause erzählen.
Schreibe so: *Am ersten Tag werden …*

→ AH S. 7/8/25/31/70/71

Adjektive

Adjektive beschreiben Dinge und Lebewesen genauer.
Vor Substantiven erhalten sie unterschiedliche Endungen:
süß – der süß**e** Pudding; ein süß**es** Bonbon.
Mit Adjektiven kann man vergleichen. Es gibt die drei Vergleichsstufen Grundstufe, Höherstufe und Höchststufe: **breit, breiter, am breitesten**.

flinker | viel | am kältesten

besser | schwarz

voll | trocken | am längsten

1. Schreibe nebeneinander: *Grundstufe – Höherstufe – Höchststufe.*

2. Wähle ein Adjektiv aus. Ordne es darunter ein und ergänze die fehlenden Vergleichsstufen. Verfahre so mit allen Adjektiven.

Wenn etwas gleich ist, benutzt man die Wörter **so … wie** und die Grundstufe:
Die Hose ist **so** teuer **wie** das Hemd.
Wenn etwas unterschiedlich ist, verwendet man **… als** und die Höherstufe:
Das Kleid ist teurer **als** die Hose.

3. Vergleiche die Bäume. Bilde Sätze.

4. Unterstreiche die Vergleichswörter und die Adjektive.

Adjektive mit Nachsilben und Endungen

Viele Substantive können durch die Endungen **-ig** und **-isch** oder durch das Anhängen der Nachsilben **-lich, -los, -haft** zu Adjektiven werden:
Gold – gold**ig**, Sturm – stürm**isch**, Hand – hand**lich**, Herz – herz**los**, Zauber – zauber**haft**.

Pia gratuliert Tim von ganzem *Herzen*. Sie gratuliert ihm ____.

Die Birne hat viel *Saft*. Sie ist ____.

Der Dschungel ist voller *Gefahren*. Er ist ____.

Das Gespräch macht keinen *Sinn*. Es ist ____.

Den ganzen Tag über gab es *Regen*. Es war ____.

1. Bilde Adjektive aus den markierten Substantiven.

2. Schreibe alle Sätze auf.

Manche Verben oder Substantive können durch die Nachsilben **-sam** oder **-bar** zu Adjektiven werden:
sparen – spar**sam**, Furcht – furcht**sam**,
lesen – les**bar**, Wunder – wunder**bar**.

bedeuten | vergleichen | rollen | ersetzen | Kleid | danken | Frucht | erholen | heilen

3. Bilde aus den Verben und Substantiven Adjektive.

4. Ordne sie nach den Endungen -sam und -bar.

→ AH S. 37/72

Substantivierte Adjektive

Adjektive können zu Substantiven werden. Sie haben dann einen Artikel vorangestellt: Er ist **der Beste**.
Manchmal steht vor der Substantivierung **alles, viel, etwas, wenig, genug** oder **nichts**: Das ist doch **nichts Besonderes**.

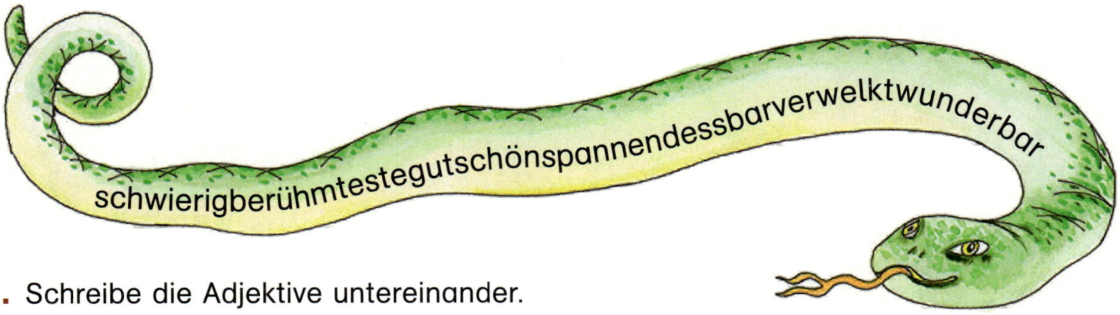

1. Schreibe die Adjektive untereinander.
Schreibe jeweils die substantivierte Form daneben:
schwierig – etwas Schwieriges, ...

2. Bilde mit den substantivierten Adjektiven Sätze.

Zusammengesetzte Adjektive

Adjektive kann man mit Nomen zusammensetzen. Bei zusammengesetzten Adjektiven ist dann das Nomen das Bestimmungswort:
der Pfeil, schnell – pfeilschnell.
Man kann auch zwei Adjektive zusammensetzen: **bitter, böse – bitterböse**.
Das zweite Adjektiv ist das Grundwort.

Ein Habicht sitzt auf einem (Turm) hohen Baum.

Soll er in den (tief) blauen Himmel fliegen?

Oder soll er lieber ein Bad im (Eis) kalten See nehmen?

Da entdeckt er ein (hell) graues Mäuschen auf dem Feld.

(Blitz) schnell stürzt sich der Habicht hinunter,

aber die Maus ist (Wiesel) flink verschwunden.

1. Schreibe den Text ab. Setze das Wort in der Klammer mit dem Adjektiv zusammen.

2. Schreibe die zusammengesetzten Adjektive untereinander heraus.
Schreibe dahinter, aus welchen Wortarten sie entstanden sind.

→ AH S. 19/41/66/73/77

Gegenteilige Adjektive

Das Gegenteil zu vielen Adjektiven kann man mit der Vorsilbe **un-** oder anderen Adjektiven ausdrücken: **gültig – ungültig, tief – hoch**.

breit	süß	schön	sauer	hässlich	ungiftig
giftig	laut	wichtig	unwichtig	eng	leise

1. Schreibe die gegenteiligen Adjektive paarweise heraus.

Manchmal hat zum gleichen Adjektiv das Gegenteil mit **un-** eine andere Bedeutung als das andere gegenteilige Adjektiv:
Das Wasser ist **klar**. Das Wasser ist **trüb**.
Die Frage ist **klar**. Die Frage ist **unklar**.

Das Essen von zu viel Eis ist ___.
Meine Stiefel sind von der Gartenarbeit ___ geworden.
Nach langer Krankheit ist Tom nun wieder ___.
Da Frank ___ geschrieben hat,
muss er den Satz neu schreiben.
Nina macht den Vogelbauer ___,
damit ihr Vogel nicht ___ wird.

sauber unsauber schmutzig

gesund ungesund krank

2. Setze die Adjektive sinnvoll ein. Schreibe die Sätze ab.

→ AH S.40

Satzzeichen – Wörtliche Rede

Wenn man das, was jemand spricht, aufschreibt, heißt das wörtliche Rede.
Sie kann vor oder hinter einem Begleitsatz stehen:

Steht der Begleitsatz vorne, endet er mit einem Doppelpunkt.
Sandro sagt: „Ich gehe ins Schwimmbad."

Steht der Begleitsatz hinten, steht davor ein Komma.
„Darf ich mit?"**, fragt Antonia.**

Hinter einem Aussagesatz in der wörtlichen Rede steht **kein** Punkt:
„Ich mag dich gerne", flüstert Anja.

| Der Lehrer ermahnt – ermahnt der Lehrer |

| Timur ruft – ruft Timur |

| Sarah antwortet – antwortet Sarah |

| Lars fragt – fragt Lars |

Kinder, seid bitte still!

Komm mit rein!

Nein, ich kann nicht schwimmen.

Haben wir heute Sport?

1. Schreibe die Sätze als wörtliche Rede.
Setze den Begleitsatz davor und dahinter.

Der Begleitsatz kann auch in die wörtliche Rede eingeschoben sein.
Er steht dann zwischen zwei Kommas:
„Leider"**, meint Daria,** „kann ich das nicht."

Gestern erzählt Frieda kam meine Tante zu Besuch

Ist das fragt Ali etwas Besonderes

Das kann ich entgegnet die Freundin dir versichern

Sie bringt erklärt Frieda lachend ihre fünf Hunde mit

2. Schreibe die Sätze ab. Setze die Satzzeichen und die Redezeichen.

Satzzeichen – Kommasetzung

Zwischen Aufzählungen steht immer ein Komma, wenn sie nicht durch „und“ oder „oder“ verbunden sind:
Der Film handelt von einem Hund, zwei Katzen, drei Hasen **und** einem Pferd.

Die Amsel die Drossel der Fink
und die Meise gehören zu den Singvögeln.

Willst du den Kuchen mit Schokolade
Marzipan Zuckerguss oder Sahne verzieren?

1. Schreibe die Sätze ab und setze die Kommas.

Die Wörter „denn“, „aber“ und „weil“ heißen **Konjunktionen**.
Vor ihnen steht ein Komma:
Ich kann nicht kommen**, weil** ich krank bin.
In Sätzen mit „wenn ... dann“ wird ebenso ein Komma gesetzt:
Wenn du kommst**, dann** bringe bitte das Rad mit!

Der Wal lebt im Wasser. Er ist kein Fisch.

Er gehört zu den Säugetieren. Er säugt seine Jungen.

Wale können sehr tief tauchen.

Sie müssen erst nach 60 Minuten an die Luft.

Die Jungen werden geboren. Sie bleiben noch lange bei ihrer Mutter.

weil

wenn ... dann

aber

denn

2. Verbinde die Sätze sinnvoll. Markiere die Kommas und die Konjunktionen.

Man schreibt „das“ nach dem Komma, wenn man es durch dieses, jenes oder welches ersetzen kann: Ich ziehe das Kleid an, **das** (welches) mir gut gefällt.
Man schreibt „dass“ nach dem Komma, wenn man einen Zweck oder eine Absicht erklären will: Tom hat verraten, **dass** er das Buch gelesen hat.

Ich finde nicht in Ordnung, ...
Hol bitte das Buch, ...
Iss doch von dem Brot, ...
Vater erklärte Timo, ...

3. Schreibe die Sätze sinnvoll zu Ende. Setze das/dass richtig ein.

→ AH S. 45/46/47/74

Subjekt

Auf die Frage **Wer?** oder **Was?** antwortet das Subjekt.
Das Subjekt steht immer im **Nominativ.**
Es besteht aus einem Nomen, einem Pronomen oder einer Wortgruppe:
Das Kind spielt mit dem Ball. **Wer** oder **Was** spielt mit dem Ball? **Das Kind.**

Auf der Bank sitzt eine Frau.

Ein junger Hund ruht neben ihren Füßen.

Er beobachtet die Kinder.

Auf dem Boden liegt die Leine.

Ob der Hund festgebunden ist?

1. Schreibe die Sätze ab. Erfrage und unterstreiche die Subjekte.

Prädikat

Das **Prädikat** sagt, **was jemand tut** oder **was passiert**. Es besteht immer aus einem Verb: Der Hund bellt. Was tut der Hund? Er **bellt**.
Das Prädikat kann auch aus zwei Teilen bestehen:
Die Schüler **schreiben** den Text **ab**. Die Katzen **werden** morgen **abgeholt**.

Wilhelm Busch schrieb die Geschichte von Max und Moritz. Die beiden heckten viele Streiche aus. Auch Onkel Fritz musste unter den beiden leiden. Sie versteckten Maikäfer in seinem Bett. Am Abend schlief Onkel Fritz sofort ein. Da krabbelten die Maikäfer hervor. So war es mit dem Schlaf von Onkel Fritz vorbei.

1. Schreibe den Text ab. Erfrage und unterstreiche die Prädikate.

Bestimmung des Ortes

Auf die Frage **Wo?**, **Woher?** oder **Wohin?** antwortet
die Bestimmung des Ortes: Der Rabe sitzt in seinem Nest.
Wo sitzt der Rabe? Der Rabe sitzt **in seinem Nest**.

herunter | aus dem höchsten Regal | in der Vorratskammer | in das Mauseloch

Eine kleine Maus lebte ___.

Sie stibitzte den Käse und die Wurst sogar ___.

Einmal zog sie eine ganze Salami ___.

Aber ___ passte sie leider nicht.

1. Schreibe sinnvolle Sätze.
Erfrage und unterstreiche die Bestimmungen des Ortes.

Bestimmung der Zeit

Auf die Fragen **Wann?, Wie oft?, Wie lange?** und **Seit wann?** antwortet
die Bestimmung der Zeit: Tina telefoniert jeden Tag mit ihrer Freundin.
Wie oft telefoniert Tina? Tina telefoniert **jeden Tag**.

Heute muss Sandro länger in der Schule bleiben.

Er hat seit drei Tagen keine Hausaufgaben gemacht.

Meistens zeigt sein Lehrer für die Schüler viel Verständnis.

Aber wenn sie dreimal die Aufgaben vergessen haben,

dürfen sie erst ab 14.00 Uhr nach Hause gehen.

1. Schreibe den Text ab.
Erfrage und unterstreiche die Bestimmungen der Zeit.

→ AH S. 14/51

Genitiv-Objekt

Auf die Frage **Wessen?** antwortet das **Genitiv-Objekt**:
Diese beiden Männer werden des Einbruchs beschuldigt.
Wessen werden sie beschuldigt? Sie werden **des Einbruchs** beschuldigt.
Dieses Objekt wird nur noch selten benutzt.

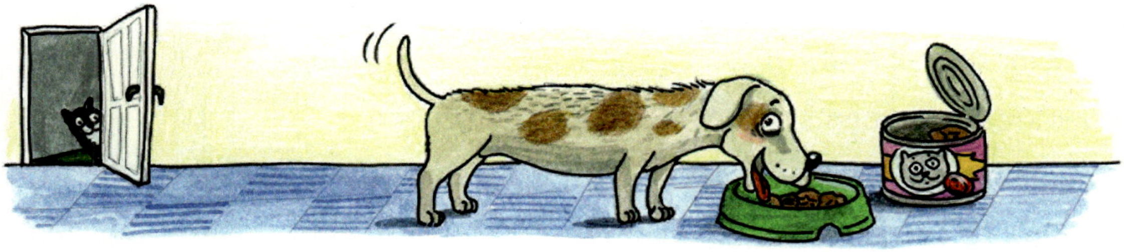

Der zugelaufene Hund bediente sich des Katzenfutters.

Meine kranke Freundin bedarf der Ruhe.

Die Geschwister erinnern sich der großzügigen Geschenke.

Unserer Probleme nahm sich die Großmutter gerne an.

1. Schreibe die Sätze ab.
   Erfrage und unterstreiche die Genitiv-Objekte.

Dativ-Objekt

Auf die Frage **Wem?** antwortet das **Dativ-Objekt**:
Laura gibt dem Jungen den Ball.
Wem gibt Laura den Ball? Laura gibt **dem Jungen** den Ball.

Tim schreibt (seine Tante) einen Brief.

Er gibt ihn (die Mutter) mit.

Dann bastelt Tim (sein Vater) ein Geschenk.

Lara schaut (ihr Bruder) zu.

1. Schreibe die Sätze ab. Füge die Dativ-Objekte richtig ein.
2. Unterstreiche die Dativ-Objekte.

→ AH S. 22/23/24/52/76

Akkusativ-Objekt

Auf die Frage **Wen?** oder **Was?** antwortet das **Akkusativ-Objekt**:
Das Mädchen fängt den roten Ball.
Wen oder **was** fängt das Mädchen? Das Mädchen fängt **den roten Ball**.

Esra erwartet ihre Freundin.

Sie will ihr die neue Uhr zeigen.

An der Kreuzung kann sie das Mädchen schon sehen.

Sie beachtet die Autos nicht und rennt los.

Fast hätte es einen Unfall gegeben.

1. Schreibe die Sätze ab.
Erfrage und unterstreiche die Akkusativ-Objekte.

Satzglieder umstellen

Ein Satzglied ist ein Wort oder eine Wortgruppe, das man als Ganzes an eine andere Stelle im Satz umstellen kann. Dabei darf sich der Sinn des Satzes nicht ändern. Mit der Umstellung kann man abwechslungsreicher schreiben:

Sinem feierte gestern ihren Geburtstag.

Gestern feierte Sinem ihren Geburtstag.

Ihren Geburtstag feierte Sinem gestern.

Den ganzen Tag scheint schon **die Sonne**.

Timo liegt **mit seinem Abenteuerbuch** im Gras.

Er kann sich aber nicht **auf die Geschichte** konzentrieren.

Um ihn herum krabbelt, summt und brummt **es**.

Seine Beobachtungen findet **Timo** nun spannender als das Buch.

1. Schreibe den Text ab. Trenne die Satzglieder durch senkrechte Striche.

2. Schreibe nun den Text und setze die markierten Satzglieder an den Satzanfang.

→ AH S. 12/23/24/52/54/76

Satzglieder erweitern

Man kann Sätze **durch Zeit-, Ortsbestimmungen und Objekte** erweitern:
Die Katze miaut. Die Katze miaut jeden Morgen in der Küche um ihr Futter.
Man kann aber auch vorhandene Satzglieder **durch Wörter** erweitern:
Die ▼ Schüler schreiben ein ▼ Diktat.
Die älteren Schüler schreiben ein schwieriges Diktat.
Durch Erweiterungen kann man etwas genauer beschreiben oder erklären.

in den Stall | Körner | vom Feld | im Sand | auf sein Geschrei | bunte

auf dem Mist | strenge | auf der Stange | bis zum frühen Morgen

Der Hahn kräht. Doch die Hühner hören nicht.
Sie wollen picken und baden.
Erst wenn der Bauer kommt, gehen sie.
Sie setzen sich und schlafen.

1. Erweitere die Sätze sinnvoll.
2. Schreibe die Sätze auf.

Satzglieder ersetzen

Man kann Satzglieder durch andere Wörter oder Wortgruppen ersetzen:
Der junge Hund (der Welpe) schläft (döst) unter dem Baum.
Durch Ersetzungen kann man abwechslungsreicher erzählen.

Der Hase hüpft über die Wiese.

Tom hilft der Frau über die Straße.

1. Schreibe unterschiedliche Sätze, indem du die markierten Satzglieder ersetzt.

Tipp: Überprüfe beim abschließenden Lesen, ob die eingesetzten Wörter für die jeweilige Textstelle gut gewählt sind.

→ AH S. 12/55/56

Nachschlagen

Wenn du durch Nachdenken nicht herausfindest, wie du ein Wort richtig schreibst, kannst du es im Wörterbuch nachschlagen.
Die Wörter sind nach dem Alphabet geordnet.
Nomen musst du im Singular nachschlagen, Verben im Infinitiv.
Zusammengesetzte Nomen musst du getrennt nachschlagen.

KÄNGU USGARD NEKET UPTUNFISCHESPAGE TIGRI LIBÄR

1. Schreibe die Nomen auf.
2. Ordne sie nach dem Alphabet.
3. Kontrolliere die Schreibweise mit dem Wörterbuch.

| bat | schloss | gesponnen | flog | stieß |

4. Schreibe die Verben alphabetisch geordnet untereinander.
5. Schreibe die Infinitivformen daneben und kontrolliere die Schreibweise mit dem Wörterbuch.

Eine eigene Wörterkartei anlegen

Um schwierige Wörter zu üben, kannst du eine eigene Wörterkartei anlegen. Dazu schreibst du jedes Wort mit seinen verwandten Wörtern auf eine eigene Karteikarte. Sortiere alle Karten in einem Karteikasten. Wörter, die du richtig schreibst, werden nach hinten in ein gesondertes Fach eingeordnet.

1. Lege eine eigene Wörterkartei an.

Nachdenkwörter

Oft kannst du durch Nachdenken selbst herausfinden, wie man ein Wort richtig schreibt. Wiederhole und merke dir wichtige Regeln.

Zerlegen in Bausteine

Zerlege Wörter in einzelne Bestandteile.
Zusammensetzungen bestehen oft aus Wörtern, die du kennst:
Rollschuh – rollen, der Schuh; Mühlenrad – die Mühle, das Rad.
Vorsilben, Nachsilben und Endungen werden immer gleich geschrieben:
Vorlesung, **Ver**gesslich**keit**, **ver**wunder**lich**, wind**ig**.

Nachhilfeunterricht | Schwimmbadregeln | vorführen | entdecken | märchenhaft | Hallenbenutzung

1. Schreibe die Wörter untereinander auf.
2. Trenne die Bausteine durch senkrechte Striche voneinander.
3. Schreibe die Wörter zerlegt daneben.

Wörter mit gleichem Wortstamm

Suche ein verwandtes Wort.
Zu einer Wortfamilie gehören Wörter mit dem gleichen Wortstamm.
Du schreibst sie gleich oder ähnlich: **lieb**en, **Lieb**ling, ver**lieb**t, er **lieb**t;
be**rat**en, **Rat**haus, **Rät**sel, ver**rät**erisch.

BADSÄNGERNÄHENSTRICKENKAUFENERLAUBNISFREUNDSCHAFT

1. Schreibe die Wörter einzeln untereinander auf.
2. Markiere den Wortstamm
3. Suche zu jedem Wort verwandte Wörter und schreibe sie daneben.

→ AH S. 11/20/39/78

Ableiten von Wörtern

Leite Wörter ab.
Du kannst durch das Ableiten von Wörtern erkennen, wie man sie schreibt.
Bilde zu Verben die Grundform: bre**nn**en – es bre**nn**t.
Bilde zu Nomen den Singular oder suche ein verwandtes Wort mit a oder au:
das F**a**ch – die F**ä**cher; die Z**a**hl – abz**ä**hlen.

Lena hat starke Schmerzen an ihren Z(e/ä)hnen.

Vor dem Zahnarztbesuch (e/ä)ngstigt sie sich.

Sie h(e/ä)lt Ausschau nach ihrem Vater.

Endlich f(e/ä)hrt er mit seinem Auto vor.

Lena re(n/nn)t ihm entgegen.

1. Schreibe die Sätze ab.
Bilde Ableitungen und schreibe sie hinter jeden Satz.
Setze nun die richtigen Buchstaben ein.

Verlängern von Wörtern

Verlängere Wörter.
Hörst du t, p, k oder nk am Ende eines Wortes, kannst du durch Verlängern erkennen, wie man es schreibt: die Bä**d**er – das Ba**d**; wüten**d**e – wüten**d**.
Bei Zusammensetzungen musst du manchmal einzelne Wortbausteine verlängern: die Hän**d**e – han**d**zahm; hal**b**e – die Hal**b**zeit;
ohne En**d**e – en**d**los.

Die Hexe Kleckse hat ein neues Ausflu[ ]sziel entdeckt.

Sie fliegt zur Ber[ ]station.

Aber sie träumt und rast gegen die Bur[ ]mauer.

Hätte sie doch den Fahrra[ ]helm aufgesetzt!

1. Verlängere die Wörter. Schreibe nun die Sätze richtig auf.

→ AH S.61/62/78

Ein eigenes Gedicht schreiben

Hunde jagen gerne Katzen,
vergessen oftmals deren …

Der Pfau ist zu Besuch bei Franz,
du siehst sie hier bei einem …

Im Wasser jagt der Frosch den Aal,
ich denk, er ist nicht ganz …

1. Schreibe die Verse ab. Ergänze die fehlenden Reimwörter.

Gedichte bestehen aus **Versen**. Meistens reimen sich die Verse.
Die Reimwörter stehen am Ende der Zeilen.
Zum Schreiben eines eigenen Gedichtes gehe so vor:

- Lege das Thema fest.
- Suche Reimwörter, die zu deinem Thema passen.
- Bilde Sätze mit den Reimpaaren.
- Sprich dein Gedicht und kontrolliere, ob der Rhythmus stimmt. Ansonsten verkürze oder verlängere den Satz.

Freude | Zirkus | Sommer | Ferien

2. Überlege dir zu einem der Themen Reimwörter.

3. Schreibe Verse und füge diese zu einem Gedicht zusammen.

Tipp: Wenn du zu den Versen klatschst, kannst du einfacher den Rhythmus erkennen.

→ AH S. 17/32/39/80/82

Lernen besser organisieren

Bereite dich jeden Tag sorgfältig auf den nächsten Schultag vor.
Fertige zuerst deine **Hausaufgaben** an:

- Schau im Hausaufgabenheft nach, welche Aufgaben du erledigen musst.
- Fertige die schriftlichen Hausaufgaben der Reihe nach an und hake sie dann im Hausaufgabenheft ab.
- Lies den Stundenplan für den nächsten Tag.
- Lies noch einmal durch, was du in der letzten Stunde mitgeschrieben hast.

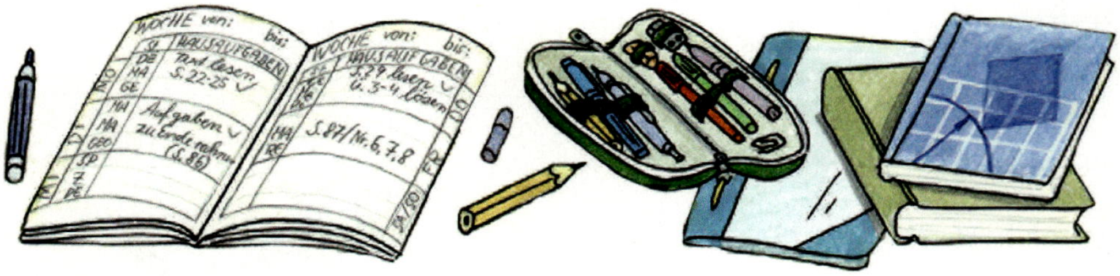

Zur Vorbereitung auf den nächsten Tag gehört das **Packen der Schultasche**:

- Leere zuerst deinen Ranzen.
- Räume nun nur die Bücher, Hefte und Ordner in den Ranzen, die du nach Stundenplan am nächsten Tag benötigst.
- Packe zusätzliche Dinge wie z. B. Sportsachen in eine Tasche.
- Stelle Ranzen und Tasche fertig gepackt nebeneinander bereit.

1. Welche Tipps kannst du den Kindern geben?
Schreibe die Sätze der Kinder ab und ergänze deine Tipps.

→ AH S. 10/11

Vorbereitung auf einen Test

Um dich sorgfältig auf einen Test vorzubereiten, ist es sinnvoll, wenn du rechtzeitig einen Lernplan schreibst. Dazu gehe so vor:

- Verschaffe dir einen Überblick zum Thema, indem du deine Unterlagen herauslegst und durchschaust.
- Überlege dir, wie viel Zeit du benötigen wirst, um die Inhalte zu üben.
- Beginne rechtzeitig mit dem Üben, damit du nicht am letzten Tag zu lernen beginnst.

1. Schreibe einen Lernplan vor dem nächsten Test.

Um dich auf einen Test vorzubereiten, kannst du **Lernkärtchen** anfertigen:

- Schreibe dazu Fragen zum Thema auf Kärtchen.
- Schreibe die Antworten auf die Rückseite.
- Kontrolliere sie mit Hilfe deiner Unterlagen.
- Wiederhole den Bereich, den du nicht beantworten konntest.

Wann lebten die Saurier?	Wie sah der Brontosaurus aus?	Was fraß der Allosaurus?

2. Schreibe Lernkärtchen zu einem Thema, das du in der Schule gerade behandelst.

→ AH S. 10/12

Eine Buchkritik schreiben

Um andere über ein Buch zu informieren, kannst du eine **Buchkritik** schreiben. Sie muss dem Leser deutlich machen, ob dir das Buch gefällt oder nicht.
Überlege dir zu folgenden Fragen Antworten:

- Welche Stellen im Buch finde ich spannend, langweilig, lustig oder traurig?
- Welche Figuren gefallen mir?
- Gefallen mir die Bilder?
- Ist mir etwas Besonderes aufgefallen?
- Ist der Schluss so, wie ich ihn erwartet habe?

1. Wähle ein Buch aus, das du gelesen hast.
Überlege dir zu den Fragen von oben Antworten. Notiere sie.

→ AH S. 61/62

Schreibe die Kritik nach folgenden Schritten:

1. Stelle Titel, Autor und Illustrator des Buches vor.
2. Benenne die Buchart.
3. Gib in wenigen Sätzen den Inhalt des Buches wieder.
4. Schreibe auf, was dir gut und was dir weniger gut gefallen hat.
5. Begründe deine Meinung mit Hilfe deiner Notizen.
6. Achte darauf, dass deine Meinung dem Leser deutlich wird.
7. Schreibe abschließend, ob du das Buch empfehlen kannst.

Ich habe das Buch „Ben liebt Anna" von Peter Härtling gelesen. Die Geschichte handelt von dem Jungen Ben, der sich in Anna verliebt. Anna lebt ganz anders als er, denn sie ist eine Aussiedlerin. Leider zieht sie in eine andere Stadt. Mir hat gut gefallen, dass Ben mit einem Mädchen spielt. Es wurde schön beschrieben, wie Ben und Anna sich besser kennen lernen. Traurig war, dass Anna am Ende in eine andere Stadt zieht. Mit Hilfe der Bilder konnte ich mir viele Dinge besser vorstellen. Dieses Buch wird allen gefallen, denen das Thema Freundschaft wichtig ist.

Peter Härtling: Ben liebt Anna, Beltz & Gelberg in der Verlagsgruppe, Weinheim & Basel

2. Schreibe eine Buchkritik mit Hilfe deiner Stichwörter.

Tipp: Um eure Buchkritiken zu präsentieren, könnt ihr sie als Buch zusammenheften und in eurer Schulbücherei auslegen.

Einen Bericht schreiben

In einem Bericht wird der Leser über ein Ereignis oder einen Vorgang informiert. Er gibt Antwort auf die Fragen:
Was geschah?
Wann und **wo** geschah es?
Wer war beteiligt?
Wie war der Ablauf?

1. Welche der Textausschnitte gehören zu Berichten?

2. Schreibe sie ab und unterstreiche die Merkmale, an denen du das erkennen kannst.

→ AH S. 36/37

Wenn du einen Bericht schreibst, achte auf folgende Punkte:
1. Beschreibe was geschah, wann, wo, wie etwas geschah und wer daran beteiligt war.
2. Berichte mit allen wichtigen Einzelheiten.
3. Schreibe sachlich ohne deine persönliche Meinung zu nennen.
4. Berichte über das Ereignis, ohne etwas hinzuzufügen.
5. Schreibe im Präteritum.

Ereignis: Unfall

Ort: Hamburg, Steinstraße / Karlstraße

Zeit: Montag, den 23. Januar, 7.30 Uhr

Ablauf: Lkw beladen mit Milchflaschen,
biegt mit hoher Geschwindigkeit in die Karlstraße,
Fahrer müde,
Fahrbahn vereist,
Milchflaschen zerbrechen auf der Straße,
Straßensperrung durch die Polizei

3. Schreibe zu den Angaben einen Bericht.

Tipp: Manchmal ist es sinnvoll, eine Skizze zur genaueren Ortsbeschreibung hinzuzufügen.

Schreibtipps für die Schreibkonferenz

In einer **Schreibkonferenz** kannst du dir Tipps geben lassen, wie du deinen Text verbessern kannst. Du erhältst von den Zuhörern **Prüfkarten**. Auf jeder Karte steht ein Hinweis, wie du deinen Text überarbeiten kannst.
Für **informierende Texte** wie Berichte und Beschreibungen oder **erzählende Texte** wie Geschichten musst du **unterschiedliche, spezielle Prüfkarten** anfertigen, mit denen du diesen besonderen Text überarbeiten kannst.

Schreibe sachlich.

Benutze keine wörtliche Rede.

Benutze wörtliche Rede.

Verwende die richtigen Fachausdrücke.

Achte auf die richtige Reihenfolge der Ereignisse.

Schreibe über die Gefühle der Personen.

Gliedere den Text in Einleitung, Hauptteil und Schluss.

Wähle eine Überschrift, die neugierig macht.

Beginne mit einem Einleitungssatz.

Schreibe durchgängig in einer Zeitform.

Schreibe mit wechselnden Satzanfängen, Verben und Adjektiven.

1. Schreibe die Tipps auf Prüfkarten. Ordne sie nach allgemeinen und besonderen Tipps für spezielle Textarten.

Tipp: Du kannst auch Prüfkarten nutzen, um deinen Text alleine zu überarbeiten.

→ AH S. 23/24/38

Der Hund

Unser Hund fängt Fliegen.
Das sieht lustig aus.
Er springt dabei in die Luft.
Er fällt dann auf seinen Rücken.
Er hat gestern eine Biene gefangen.
Er hat gejault und
ist ganz aufgeregt gewesen.

Beginne mit einem Einleitungssatz.

Wähle eine Überschrift, die neugierig macht.

Schreibe durchgängig in einer Zeitform.

Kaninchen entlaufen

Bitte melde dich!
Wer hat mein Kaninchen gesehen?
Ich vermisse es sehr.
Sein Name war Momo und es hatte
auf dem Rücken einen lustigen Fleck.
Ich wohne in der Heinenstraße.

Schreibe mit wechselnden Satzanfängen.

2. Welche Textsorten liegen hier vor? Ordne ihnen die entsprechenden Prüfkarten zu.

3. Schreibe zusätzliche Schreibtipps für diese Texte auf Kärtchen.

Tipp: Es ist sinnvoll, für jede Textart eine Kartei mit den entsprechenden Prüfkarten anzulegen.

→ AH S. 52/63/76/84

Einen Text in einen Dialog umschreiben

Zur Aufführung eines Theaterstückes oder zur Aufnahme eines Hörspiels benötigt man eine **Textvorlage**.
Sie besteht aus dem Dialog, dem Erzählertext und ergänzenden Anmerkungen (Regieanweisungen).

Der Sperling und die Schulhofkinder

Ein Sperling, der von ungefähr
zu einem Schulhof kam,
erstaunte über das, was er
auf diesem Hof vernahm.

Ein Mädchen sprach zu Meiers Franz:
„Du alter Esel du!“
Da sprach der Franz: „Du dumme Gans
bist eine blöde Kuh!“

Der Walter sprach zum dicken Klaus:
„Mach Platz, du fetter Ochs!“
Da rief der Klaus: „Du fade Laus,
pass auf, daß ich nicht box!“

Zum Peter sprach Beate nun:
„Du Affe, geh hier weg!“
Da rief der Peter: „Dummes Huhn,
ich weiche nicht vom Fleck!“

Der Sperling meint, er hört nicht recht.
Es tönte allenthalb:
„Du Schaf! Du Floh! Du blöder Hecht!
Du Hund! Du Schwein! Du Kalb!“

Der kleine Sperling staunte sehr.
Er sprach: „Es schien mir so,
als ob ich auf dem Schulhof wär;
doch bin ich wohl im Zoo!“

James Krüss: aus James‘ Tierleben, Betz, München 1965

1. Schreibt der Reihenfolge nach heraus, wer in diesem Gedicht spricht.

→ AH S. 73/74/75

Um einen Text in einen **Dialog** umzugestalten, müsst ihr aufschreiben, welche Person spricht und was sie sagt.
Manchmal ist es sinnvoll einen **Erzähler** hinzuzufügen.
Er kann Dinge erklären, die man nicht sehen/hören kann, die man aber wissen muss, um die Handlung zu verstehen.

Erzähler: Wir befinden uns auf einem Schulhof.
Die große Pause beginnt.

Mädchen: Du alter Esel, du!

Franz: Du dumme Gans bist eine blöde Kuh!

Walter: ...

2. Schreibt den Dialog weiter.

3. Erarbeitet auch den Text für die Rolle des Erzählers.

Schreibt nun die **Regieanweisungen** für die Spieler/Sprecher an den Rand des Dialogs.

4. Wählt treffende Vorschläge als Regieanweisung aus.

5. Ergänzt weitere Regieanweisungen.

Ein Referat vorbereiten und halten

Man nennt den Vortrag zu einem Thema auch **Referat**.
Es soll die Zuhörer sachlich und verständlich informieren.

Bereite ein Referat sorgfältig vor. Gehe so vor:
1. Notiere in Stichwörtern, was du über das Thema schon weißt.
2. Sammle weitere Informationen in Büchern, im Internet und von Experten.
3. Gliedere das Thema deines Referates in einzelne Unterthemen.
4. Ordne die Stichwörter und Informationen den Bereichen zu.

Der Goldhamster

Der Goldhamster ist bei vielen Kindern als Haustier beliebt. Ursprünglich kommt er aus Vorderasien. Sein Fell ist rötlich-braun und ganz weich. Er hat runde Ohren und scharfe Nagezähne. In seinen Backen hat er Taschen, in denen er viele Körner sammeln kann. Mehrmals im Jahr bekommt er Junge. Sie werden von der Mutter gesäugt. Der Goldhamster ist ein Pflanzen- und Samenfresser. Wenn man ihn zu Hause im Käfig hält, kann man ihn mit Gemüse, Obst und Körnern füttern.

1. Schreibe den Text ab und markiere die wichtigsten Informationen.

2. Ordne sie den Unterthemen Aussehen, Fortpflanzung und Nahrung zu.

3. Schreibe sie nach den Unterthemen getrennt auf Karteikarten und ergänze weitere Informationen.

Tipp: Zu Beginn ist es einfacher, ein Thema zu zweit vorzutragen. Dazu könnt ihr die Unterthemen aufteilen.

→ AH S. 28/29

Bevor du das Referat hältst, übe so:
1. Stelle das Thema deines Referates vor.
2. Nenne immer die Überschrift des Unterthemas, damit der Zuhörer weiß, worüber du sprechen möchtest.
3. Formuliere aus deinen Stichpunkten Sätze.
4. Sprich laut und deutlich.
5. Schau hin und wieder deine Zuhörer an.
6. Überlege, an welcher Stelle du Bilder oder Material zeigen könntest.
7. Übe so lange, bis du nur noch selten auf deine Karten schauen musst.

1. Aussehen
- Fell
- Ohren

Bild: Hamster

2. Nahrung
-
-

Futter zeigen

3. Haltung
-
-

Käfig zeigen

4. Fortpflanzung
-
-

Bild: Nest mit Jungen

4. Bereite dich auf deinen Vortrag gut vor.

5. Halte dein Referat.

Tipp: Wenn du das Vortragen stehend vor dem Spiegel übst, wirst du sicherer.

Ein Werbeplakat gestalten

Werbeplakate sind öffentliche Aushänge, mit denen man für eine Sache oder ein Ereignis wirbt. Plakate sind dazu besonders geeignet, denn sie fallen wegen ihrer Größe auf, werden von vielen Menschen gelesen und so in Erinnerung behalten.
Die Sprache, die für die Werbung eingesetzt wird, benutzt häufig **zusammengesetzte Adjektive** und **Adjektive in der Höchststufe**. Sie stellt **Vergleiche** an und macht **Versprechungen**.

1. Schreibe die Kennzeichen der Werbesprache untereinander auf.

2. Füge zu jedem Kennzeichen ein Beispiel aus dem Werbeplakat auf.

3. Ergänze die Auflistung mit Beispielen von Werbeplakaten, die du in den letzen Tagen gesehen hast.

→ AH S. 69/70

Um ein Werbeplakat für ein Klassenfest zu gestalten, überlegt Folgendes:
1. Hat die Veranstaltung einen besonderen Namen?
2. Wo und wann findet sie statt?
3. Was kann man auf diesem Fest erleben?
4. Wer soll zu der Veranstaltung kommen?
5. Wie viel kostet der Besuch des Festes?

Die Klasse 4b überlegt sich die Überschrift für ihr Werbeplakat zur Klassenfeier vor den Sommerferien.

4. Welche Überschrift würdest du für das Fest wählen?
Begründe deine Meinung.

Bevor ihr das Werbeplakat erstellt, fertigt eine Skizze an:
1. Legt die Überschrift fest und schreibt sie größer als die Texte.
2. Legt die Anordnung der Texte und Bilder/Zeichnungen auf der Seite fest.

5. Entwirf ein Plakat für deine Geburtstagsfeier.

Eine Pro- und Kontra-Diskussion führen

In Diskussionen bestehen oft gegensätzliche Meinungen zu einem Thema. Durch Argumente und Begründungen versuchen die Gesprächspartner für (pro) oder gegen (kontra) etwas zu sprechen.

In der Klasse 4b führen die Schüler eine Diskussion zum Thema „Soll an unserer Schule die Schulkleidung eingeführt werden?".

Schulkleidung gefällt mir nicht.

Mit Schulkleidung sehen wir gleich aus.

Man kann nicht mehr wegen seiner Kleidung ausgelacht werden.

Man sieht nicht, ob jemand arm oder reich ist.

Das Ansehen wird nicht durch die Kleidung beeinflusst.

Das Gefühl der Zusammengehörigkeit wird gestärkt.

Man kann kein persönliches Bild von sich geben.

1. Lies die Argumente und entscheide, ob sie pro oder kontra „Schulkleidung" sprechen.

pro	kontra

2. Ordne die Argumente pro und kontra „Schulkleidung" in eine Tabelle ein.

3. Suche weitere Argumente zum Thema.

Zur Vorbereitung auf eine Pro- und Kontra-Diskussion werden alle Argumente gesammelt und in einer Tabelle geordnet.

→ AH S. 7/8

Bei einer Diskussion solltet ihr sachlich und höflich miteinander sprechen. Hört euch gegenseitig zu und geht auf das ein, was der andere gesagt hat. Findet heraus, wo eure Gemeinsamkeiten und Unterschiede liegen.

Dazu gibt es einige Formulierungen, die du lernen kannst, um deine Meinung zum Ausdruck zu bringen:

Ich bin der Ansicht, dass …

Meiner Meinung nach, …

In dieser Sache denke ich, dass …

Dazu möchte ich gerne bemerken, dass …

Ich bin der Auffassung, dass …

Ich glaube, dass …

4. Entscheide, ob du pro oder kontra „Schulkleidung" bist.

5. Suche einen Partner, der die gegenteilige Meinung vertritt.
Tragt mit Hilfe der Formulierungen eure Meinung vor.

Sollte in der Umgebung aller Schulen nur 30 km/h gefahren werden dürfen?

Sollten die Bundesjugendspiele abgeschafft werden?

Sollte das Fußballspielen in der Pause auf dem Hof verboten werden?

Sollte nur noch Schulmilch als Getränk in der Schule zugelassen werden?

6. Wählt ein Thema aus und führt eine Diskussion durch.

Eine Bildergeschichte schreiben

1. Schau dir die Bilder genau an.

Was geschieht genau auf den Bildern?

Was passiert zwischen den Bildern?

Worin besteht der Witz der Geschichte?

Eine **Bildergeschichte** ist meist eine witzige Geschichte, die nur mit Bildern erzählt wird. Daher ist es wichtig, die Reihenfolge der Bilder beim Erzählen einzuhalten und den Witz der Geschichte zu beachten.
Gliedere deine Geschichte auch in Einleitung, Hauptteil und Schluss.

→ AH S. 88

Wenn du nun die Geschichte aufschreiben willst, gehe so vor:
1. Beschreibe jedes Bild ganz genau.
   Ergänze auch, was zwischen den Bildern geschieht.
2. Du kannst Personen und Orten Namen geben.
3. Schreibe in wörtlicher Rede auf, was die Personen auf den Bildern sprechen könnten.
4. Beschreibe auch, was die Personen denken und fühlen könnten.
5. Wähle eine Überschrift, die neugierig macht.

1. Bild: Swimmingpool, Garten, Vater mit Wasserschlauch, …

dazwischen: …

2. Bild: …

dazwischen: …

3. Bild: …

dazwischen: …

4. Bild: …

2. Ergänze weitere Stichwörter.

3. Welche wörtliche Rede würdest du in deiner Geschichte gerne verwenden?

4. Überlege dir nun, was die Personen auf den anderen Bildern sagen könnten.

5. Schreibe die Geschichte.

Tabellen lesen und erstellen

Eine **Tabelle** fasst wichtige Informationen übersichtlich zusammen, die in einem Text nicht auf einen Blick zu erkennen sind. Diese werden geordnet in ein Raster eingetragen. Im **Tabellenkopf** wird die Aufgliederung der Informationen angegeben. Die einzelnen Angaben werden senkrecht und waagerecht aufgeführt. Die senkrechte Unterteilung nennt man **Zeilen**, die waagerechte **Spalten**. Wenn in einer Tabelle Zeichen für etwas stehen, die nicht bekannt sind, werden deren Bedeutungen erklärt. Das nennt man **Legende**.

Wetterbeobachtung der Klasse 4c

Datum	Niederschlagsmenge	Temperatur	Bewölkung	
5. April	7 mm	12 °C		Zeile
6. April	10 mm	14 °C		Zeile
7. April	–	10 °C		Zeile
8. April	4 mm	15 °C		Zeile

Tabellenkopf

Spalte Spalte Spalte Spalte

dichte Bewölkung 

mittlere Bewölkung 

geringe Bewölkung 

Legende

1. Welche Angaben findest du im Tabellenkopf?

2. Welche Angaben findest du in den Spalten?

3. Welche Angaben stehen in den Zeilen?

→ AH S. 42

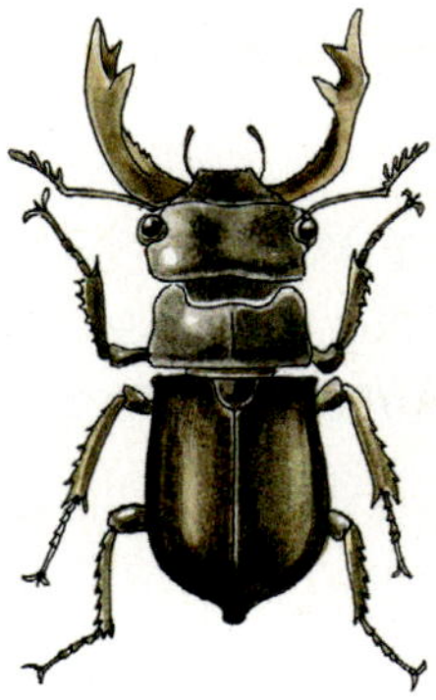

Marienkäfer und Hirschkäfer

Der Marienkäfer ist im Gegensatz zum Hirschkäfer bei allen Kindern beliebt. Er wird bis zu 8 mm groß, der Hirschkäfer kann dagegen etwa 4 cm groß werden. Auffällig sind beim Marienkäfer die rötlichen Flügel mit den schwarzen Punkten, beim Hirschkäfer die Zangen, die an ein Hirschgeweih erinnern. Marienkäfer können gut fliegen und legen im Sommer viele Kilometer zurück. Der Hirschkäfer kann nur ganz kurze Zeit fliegen und man entdeckt ihn mit seinen schwarzen Flügeln eher auf dem Boden. Er ernährt sich von Baumsäften. Da sich der Marienkäfer von Blattläusen ernährt, ist er sehr nützlich.

4. Schreibe den Text ab. Unterstreiche die Schlüsselwörter.

5. Lege eine Tabelle mit drei Spalten an.

6. Welche Merkmale werden von Marienkäfer und Hirschkäfer verglichen? Trage sie in die erste Spalte deiner Tabelle ein.

Merkmale	*Marienkäfer*	*Hirschkäfer*
Größe		
⋮		

7. Übertrage die Informationen aus dem Text in die Tabelle.

Einen Vorgang beschreiben

Eine **Vorgangsbeschreibung** will den Leser über den Ablauf einer Handlung informieren. Die Beschreibung muss so sein, dass der Leser den Vorgang nachvollziehen kann. Wenn du den Vorgang vorher durchführst, fällt es dir leichter, ihn später zu beschreiben.

Einige Schüler der Klasse 4c möchten ein Theaterstück mit Fingerpuppen aufführen. Dazu stellen sie die Fingerpuppen selbst her.

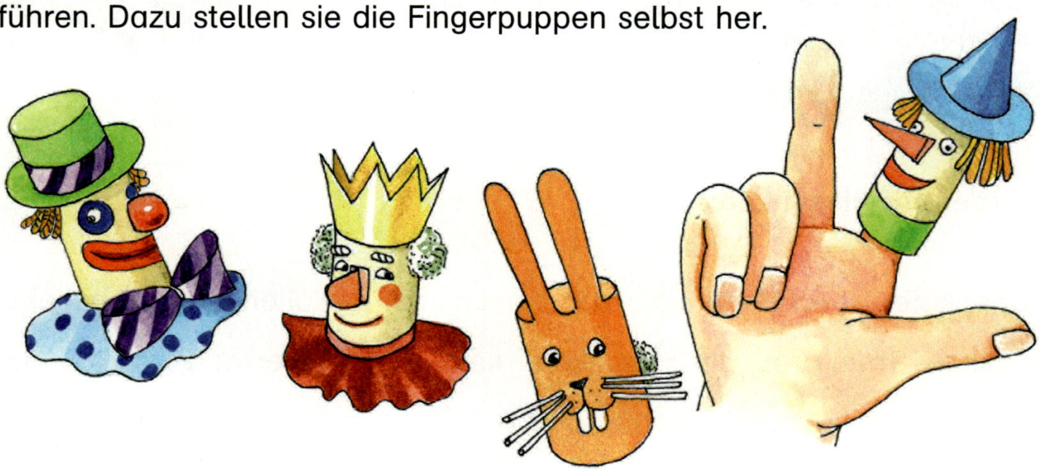

Gliedere die Vorgangsbeschreibung in Einleitung, Hauptteil und Schluss. In der Einleitung sollte stehen, was du bastelst und welche Materialien du benötigst.

Material für Fingerpuppen:

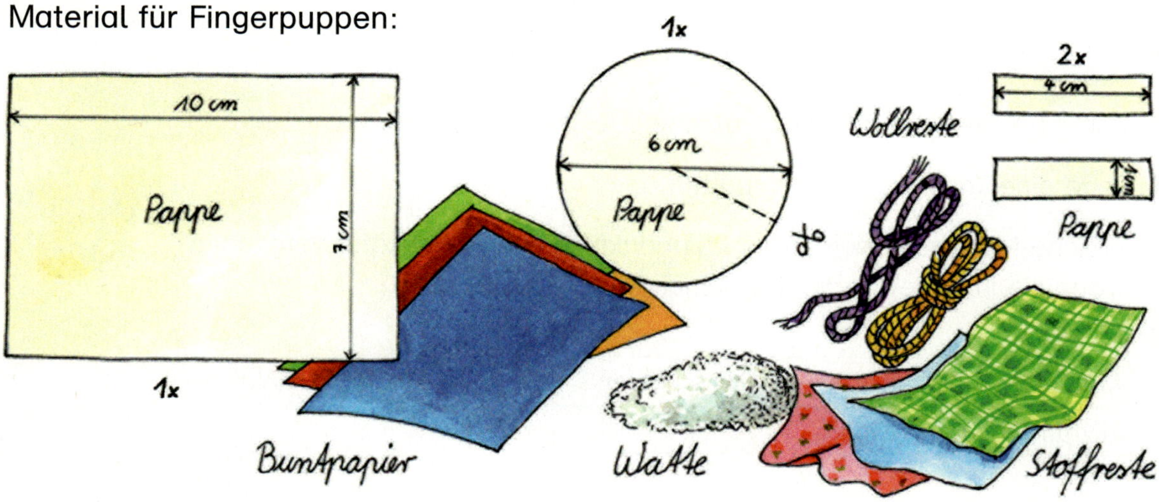

1. Schreibe die Überschrift: *Ich bastele eine Fingerpuppe*

2. Schreibe nun die Einleitung.

→ AH S. 16/40

Im Hauptteil einer Vorgangsbeschreibung achte auf Folgendes:
1. Schreibe in der Ich-Form.
2. Schreibe im Präsens.
3. Achte auf die genaue Reihenfolge der Bastelschritte.
4. Beschreibe jeden Schritt genau und vollständig.
5. Benutze die richtigen Fachausdrücke.
6. Schreibe sachlich ohne persönliche Meinung.

3. Schreibe den Hauptteil der Vorgangsbeschreibung.
Diese Stichpunkte können dir helfen:

- aus dem Kreis entsteht ein Hut
- aus dem großen Viereck wird eine Röhre
- die Streifen klebe ich zur Befestigung des Hutes in die Röhre
- durch Bemalen oder Aufkleben von Woll- und Stoffresten entstehen Gesichter

Beende die Beschreibung mit wenigen Schlusssätzen.
Du könntest schreiben, ob und warum dir das Basteln Spaß gemacht hat oder wozu du das Gebastelte verwenden willst.

4. Schreibe den Schluss der Vorgangsbeschreibung.

Sich in Zeitschriften orientieren

1. Um welche Zeitschrift handelt es sich?

2. Worüber erhältst du in dieser Zeitschrift Informationen?

Zeitschriften behandeln meistens bestimmte Themengebiete.
Dies kann man oft am Titel der Zeitschrift erkennen.
Es gibt zum Beispiel Zeitschriften für Hobbygärtner, Motorradfans, Tierfreunde …

3. Schau dir verschiedene Zeitschriften an. Schreibe die Titel auf und ergänze dahinter, an welche Leser sie sich richten.

Sich in Zeitungen orientieren

Zeitungen informieren über eine Vielzahl von Dingen. Damit sich der Leser besser orientieren kann, sind die Zeitungsartikel unterschiedlichen Rubriken (Bereichen) zugeordnet, wie zum Beispiel Kultur, Sport oder Lokales.

1. Welche Rubriken sind abgebildet?
2. Welche Überschriften sind diesen Rubriken untergeordnet?
3. Sammle Zeitungen. Schneide Überschriften aus.
   Sortiere sie nach unterschiedlichen Rubriken und klebe sie geordnet auf.

Abc der Textforscher

Argumente

Argumente sind Punkte, die man anführt, um seine Meinung zu einer Sache zu belegen oder sie zu begründen. Man kann Argumente für (pro) oder gegen (kontra) eine Sache anführen. Dies geschieht meistens bei Diskussionen, Streitgesprächen oder → Kritiken.

Autor/in

Das Wort heißt Schriftsteller/in oder Verfasser/in. Es bezeichnet jemanden, der Gedichte, Geschichten oder ganze Bücher schreibt. Seinen Namen findet man auf dem Umschlag des Buches. Berühmte Autoren sind z.B. Astrid Lindgren und Paul Maar.

Bericht

Ein Bericht informiert über eine bestimmtes Ereignis oder einen Vorgang.
Der Bericht kann mündlich und schriftlich erfolgen. Er erklärt genau, was geschah und wer daran beteilt war. Auch über den Ort und den Zeitpunkt wird informiert.
Derjenige, der berichtet, wird Berichterstatter genannt. Er sollte sachlich und ohne seine persönliche Meinung berichten.

Beschreibung

Eine Beschreibung informiert über das Aussehen einer Sache oder über den Ablauf eines Vorgangs. Dies kann mündlich und schriftlich erfolgen. Eine gute Beschreibung ermöglicht dem Leser oder Hörer sich genau vorstellen zu können, wie eine Sache aussieht oder der Ablauf einer Handlung war.
Eine Beschreibung sollte sachlich und ohne persönliche Meinung erfolgen.

Dialog

Ein Dialog ist ein Gespräch zwischen mindestens zwei Menschen.
Das Gespräch kann besondere Formen haben wie zum Beispiel → das Interview, in dem der Eine Fragen stellt und der Andere die Antworten gibt.
Bei Diskussionen ist der Dialog ein Austausch von Meinungen und Argumenten zu einer Sache mit mehreren Beteiligten.

Erzählperspektive

Das Wort Perspektive bedeutet Blickwinkel oder Sichtweise. Wenn man eine Geschichte schreibt, so erzählt man sie meistens aus dem eigenen Blick, aus der eigenen Perspektive. Man kann sich aber auch in die Rolle eines anderen hineindenken. Dann sieht man ein Geschehen oder einen Vorgang anders. Man hat eine andere Sichtweise oder Perspektive. Vor dem Erzählen muss man sich genau überlegen, wessen Erzählperspektive man einnehmen will, wenn man dessen Denken und Empfinden ausdrücken will.

Gedicht

Gedichte haben meist eine äußere Form, an der man sie leicht erkennen kann. Oft sind sie in Abschnitte unterteilt, die man Strophen nennt. Man nennt die Zeilen des Gedichtes → Verse. Die Zeilen eines Gedichtes stehen geordnet untereinander und reimen sich oft am Ende.

Haiku

Ein Haiku ist ein Gedicht, das sich nicht reimt. Es stammt aus Japan und hat einen festgelegten Bauplan. Auf die Überschrift folgen die erste Zeile mit fünf Silben, die zweite Zeile mit sieben und die dritte Zeile wieder mit fünf Silben. Haikus haben oft die Natur zum Thema.

Hörspiel

Ein Hörspiel ist eine Erzählung, die meist von einem Erzähler und weiteren verteilten Rollen gesprochen wird. Außerdem ist es mit Geräuschen und Musik unterlegt.
Es gibt Autoren, die nur Texte für Hörspiele schreiben.
Oft werden aber auch Bücher zu Hörspielen umgeschrieben.
Die ersten Hörspiele entstanden mit der Erfindung des Radios. Man kann sie auch auf CD hören. Dann spricht man von Hörbüchern.

Interview

Als Interview bezeichnet man die Befragung von ein oder mehreren Personen zu einer Sache, wobei die gegebenen Antworten meist öffentlich gemacht werden.
Der Interviewer (Befrager) sollte die Antworten sachlich und wahrheitsgemäß wiedergeben.
Bei Interviews von vielen Personen zu einem Thema werden die Antworten oft in einer Tabelle dargestellt, um sie übersichtlich zu gestalten.

Kritik

Eine Kritik ist die Besprechung einer Sache mit anschließender Beurteilung. Der Kritiker nimmt ganz persönlich Stellung und belegt seine Meinung mit → Argumenten zu einem Thema. In Zeitungen findet man oft Kritiken zu aktuellen politischen Themen, neuen Filmen oder Büchern.

Lokales

Das Wort Lokales ist abgeleitet von „locus“ (lat.), das Ort oder Platz bedeutet. Als Lokales werden also Ereignisse oder Begebenheiten bezeichnet, die sich in einem bestimmten, eingegrenzten Raum abspielen. So wird in Zeitungen in → der Rubrik „Lokales“ über Dinge berichtet, die für die Menschen in einem bestimmten Umkreis interessant sind.

Piktogramm

Ein Piktogramm ist ein festgelegtes Zeichen, das als Symbol für eine Sache verwendet wird. Das Piktogramm gibt bildhaft eine bestimmte Information. Die meisten Piktogramme werden von allen Menschen verstanden wie z. B. der Totenkopf als Zeichen für Gift.
Andere Piktogramme versteht nur eine bestimmte Gruppe wie z. B. die Zeichen in Schulbüchern, die den Schülern erklären, wie sie mit dem Buch arbeiten sollen.

Recherche

Unter Recherche versteht man das Herausfinden von Informationen, um Klarheit über eine Sache oder einen Vorgang zu erhalten. Dies kann auf verschiedenen Wegen geschehen.
Die Nachforschung kann z. B. vor Ort durch → Interviews geschehen, aber auch mit Hilfe von Büchern oder durch das Internet.

Redewendung

Eine Redewendung ist ein feststehender sprachlicher Ausdruck, um eine Sache oder eine Angelegenheit kurz und genau zu beschreiben. Oft wird dabei ein bildhafter Vergleich herangezogen. Redewendungen haben sich in allen Sprachen entwickelt und sind häufig in den Dialekten des Landes unterschiedlich. Man kann Redewendungen nur dann verstehen, wenn die übertragene Bedeutung bekannt ist. So bedeutet z. B. „jemandem Beine machen“, dass man ihn zur Eile antreiben will.

Referat

Den Vortrag zu einem bestimmten Thema nennt man Referat. Der Begriff hat sich aus dem Wort „referer“ (frz.) entwickelt, das „mitteilen“ oder „berichten“ bedeutet. Derjenige, der das Referat hält, wird als Referent bezeichnet. Er muss den Vortrag sorgfältig vorbereiten, um seinen Zuhörern das Thema so anschaulich darzustellen, dass sie es inhaltlich verstehen. Dazu gehört meist neben einer guten Vortragsweise auch die Einbeziehung von Bildern oder anderen Anschauungsmitteln.

Regieanweisung

Das Wort „Regie" geht zurück auf das französische Wort „regie", das „verantwortliche Leitung" bedeutet. Heute bezeichnet es die Spielleitung beim Theater oder beim Film. Der Regisseur legt in einem Regiebuch alle Anweisungen für das Theaterstück oder den Film fest. Dazu gehören z. B. die Bewegungsabläufe der Schauspieler, die Kostüme und die eingespielte Musik.

Reizwortgeschichte

Das Schreiben von Geschichten unterliegt Regeln. So ist die Gliederung fast aller Geschichten in Einleitung, Hauptteil und Schluss zu erkennen. Der Schreiber von Reizwortgeschichten muss außerdem darauf achten, dass die vorgegebenen Reizwörter eine wichtige Rolle spielen. Sie dürfen nicht nur eingefügt werden, sondern müssen für die Handlung bedeutend sein.

Rhythmus

Das Wort kommt aus dem Griechischen und bedeutet ursprünglich „fließen". Dabei wurde an das immer wiederkehrende Auf und Ab der Meereswellen gedacht. Heute bezeichnet man mit dem Wort auch die gleichmäßige Gliederung von Musik oder Sprache. Bei Gedichten mit Reimen spielt der Rhythmus eine besondere Rolle. Wenn ein Gedicht vier Verse hat, so reimen sich oft der erste und der dritte Vers und der zweite und der vierte Vers.

Rubrik

Das Wort „Rubrik" ist von dem lateinischen Wort „ruber" für „rot" abgeleitet. Früher waren in den Gesetzesbüchern wichtige Stellen rot markiert. Heute werden als Rubriken besondere Abschnitte oder Bereiche in Zeitungen oder Zeitschriften bezeichnet. Sie ermöglichen dem Leser eine schnelle Übersicht über deren Aufbau. So findet man zum Beispiel die Rubriken Sport, Politik und Rätsel.

Schlüsselwörter

Als Schlüsselwörter werden die wichtigsten Wörter eines Textes bezeichnet. Sie stehen stellvertretend für die Informationen, die im Text gegeben werden. Unterstreicht man sie oder schreibt man sie heraus, können sie dem Leser helfen, den gesamten Inhalt des Textes zu verstehen, ihn „aufzuschließen".

Vers

Die einzelnen Zeilen eines → Gedichtes nennt man Verse. Sie stehen geordnet untereinander und reimen sich oft. Eine bestimmte Anzahl von Versen wird meist durch Abschnitte voneinander getrennt. Diese bezeichnet man als Strophen. An ihnen kann man einen Text sofort als Gedicht erkennen.

Werbung

Als Werbung bezeichnet man das Anpreien von Waren oder Ereignissen mit dem Ziel, Käufer oder Besucher zu gewinnen. Um dies zu erreichen werden oft Versprechungen gemacht oder es wird mit Gewinnen gelockt. Wir begegnen Werbungen hauptsächlich auf Plakaten, in Zeitungen und im Fernsehen. Ein anderes Wort für Werbung heißt „Reklame".